www.ingramcontent.com/pod-product-compliance
Lightning Source LLC
Chambersburg PA
CBRC090903080526
44587CB00009B/183

*9781636571607*